MISS NOUMA HAWA

MÉMOIRES D'UNE DOMPTEUSE

ÉCRITS PAR ELLE-MÊME

L'ART DE DOMPTER LES ANIMAUX FÉROCES ET DE CHARMER LES SERPENTS

MISS NOUMA HAWA

MÉMOIRES

D'UNE

DOMPTEUSE

écrits par elle-même

L'ART
DE DOMPTER LES ANIMAUX FÉROCES

ET DE

CHARMER LES SERPENTS

MISS NOUMA HAWA

AVANT-PROPOS

On m'a souvent demandé par quelles circonstances j'ai été amenée à embrasser la périlleuse profession que j'exerce, et qui excite partout l'admiration des spectateurs.

C'est pour satisfaire à cette curiosité, flatteuse pour moi, que je me suis décidée à donner ici les souvenirs de ma vie.

J'aurais pu, comme beaucoup d'autres, emprunter la plume autorisée d'un homme de lettres, le récit y eût certainement gagné en correction; mais cette correction n'eut été obtenue qu'aux dépens de la véracité, et je tiens avant tout à ne raconter que ce que j'ai vu, et les évènements dans lesquels j'ai pu jouer personnellement un rôle actif.

Je réclame donc l'indulgence du lecteur pour l'insuffisance de ma prose.

L'histoire de ma vie (je pourrais dire le roman de ma vie), n'est qu'une série d'étranges aventures.

Du plus loin que je puisse me souvenir, j'étais sur un grand navire battu par la tempête qui bientôt, disparut dans les flots, puis je me vois encore dans une barque, avec quelques passagers sauvés comme moi: mais hélas! où le navire n'avait pu résister, la frêle barque céda, et, emportée par l'effroyable tourbillonnement, se brisa contre les rochers. Je m'évanouis.

Lorsque je revins à moi, j'étais entourée d'hommes noirs, entièrement nus, à l'aspect féroce ; un peu plus loin, quelques-uns de mes compagnons d'infortune rejetés par les vagues sur le rivage, et gardés à vue par d'autres nègres, qui leur avaient lié les mains et les pieds ; ceux-ci dansaient autour de nous en poussant des cris affreux, en brandissant leurs lances et leurs flèches ; plus loin encore, la mer, redevenue calme, apportant de minute en minute, tantôt une épave, tantôt un cadavre : ce spectacle et ma terreur sont à ce point gravés dans ma mémoire que je n'y puis songer sans émotion. Je crus mon dernier jour arrivé.

Lorsque les sauvages eurent assez dansé, ils s'assemblèrent en conseil et après une courte délibération, s'approchèrent de nous : ils nous firent lever à coups de pieds et à coups de lances ; on nous attacha les uns

Ceux-ci dansaient autour de nous en poussant des cris affreux (page 8).

aux autres et le cortège quitta le rivage.

Nous marchâmes longtemps, longtemps, pendant plusieurs jours; nous traversâmes d'épaisses forêts, passant au milieu des épines qui déchiraient mes vêtements et mon corps; j'avais les pieds en sang, j'étais épuisée; pas un de ces sauvages ne prit pitié de moi : et même quand je pleurais trop fort ou quand je restais en arrière, les barbares me piquaient de leur lance pour me faire taire ou avancer, jamais je n'ai tant souffert!

Enfin nous arrivâmes au pays des Ounemis, une des tribus les plus féroces de l'Afrique centrale que les explorateurs connaissent depuis quelques années seulement.

L'Oga, ou chef de la tribu, était le farouche Eké : il nous échangea, mes compagnons et moi, contre un peu de poudre d'or; notre escorte se retira, et l'on nous enferma dans une prison étroite, sombre, humide, où nous attendîmes avec impatience que le roi Eké eût décidé de notre sort.

Notre attente ne fut pas de longue durée, nous fûmes bientôt fixés sur l'issue fatale de cette aventure.

Nous étions arrivés au pays des Ounemis juste au moment où allait être célébrée la fête de l'Igname, une des plus importantes de l'année ; l'Igname, est un légume qui, pour les nègres, a la même valeur que le pain pour nous : lorsque l'Igname entre en maturité, c'est joie pour tout le monde, cette joie se traduit par des danses, des chants et des cérémonies variées, entre autres, le sacrifice d'un certain nombre de victimes que les prêtres immolent dans les sillons même où l'Igname commence à mûrir.

On espère ainsi obtenir des dieux une récolte abondante, la foule crédule se laisse prendre naïvement à ces simagrées ; les prêtres unis aux rois en profitent et conduisent les populations, tantôt en frappant leurs esprits par le merveilleux, tantôt en les amusant, en les endormant, pour ainsi dire, par des plaisirs sans fin ; les africains, à ce point de vue, n'ont rien à envier aux nations civilisées, partout les alliances royales et sacerdotales ont recours aux mêmes moyens et obtiennent les mêmes résultats; mais passons.

Le matin de la fête, on vint nous chercher dans notre prison, on nous délia les mains, on enleva de nos pieds les cordes qui, tout en nous permettant de marcher, nous empêchaient de courir, et on nous mena au milieu du village, sur une grande place entourée de gros arbres et de huttes en terre, au fond, tourné vers le soleil levant, Eké au milieu de ses femmes et de sa cour, tout autour le reste de la tribu, attendant avec impatience l'ordre de commencer la fête.

On nous fit asseoir devant le chef qui donna aussitôt l'ordre souhaité.

Je passe rapidement sur l'orgie qui suivit : les sauvages commencèrent par se livrer à des danses bizarres, au son d'instruments criards et discordants; de temps en temps, ils s'arrêtaient pour chanter des prières sur des airs d'une harmonie douteuse, puis les danses recommençaient, lascives, voluptueuses, ignobles, avec des gestes d'une indécence révoltante. Quand les nègres furent épuisés, le roi leur fit distribuer du vin de palmier et du jus d'orange fermenté; lui-même donnant l'exemple, l'ivresse fût bientôt à son comble; alors les femmes, nouvelles Messalines, sans distinction de rang, commencèrent à provoquer les hommes par leurs attitudes et leurs gestes. Il n'est point de description possible à ces saturnales qui soulèvent le cœur.

Pendant les orgies, les *Gangas* (prêtres), sacrifiaient sur quatre autels élevés aux quatre coins de la place des victimes humaines, pour la plus grande gloire des dieux du pays, des milliers d'esclaves périssent ainsi dans ces réjouissances nationales. Prisonniers des Ounemis, le même sort nous était réservé.

Le grand Ganga nous désigna pour être immolés à la fin de la fête dans les sillons d'Igname, mes compagnons furent tués les premiers, puis on me fit mettre à genoux : j'étais déjà à demi-morte, déjà je fermais les

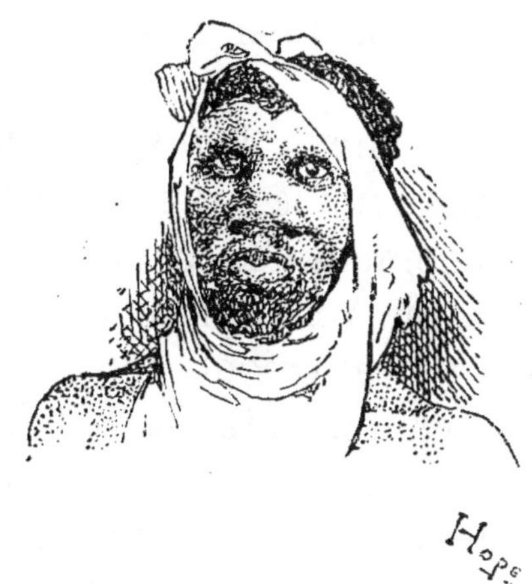

Le Grand Ganga.

yeux, attendant le coup fatal, quand une main se posa doucement sur mon épaule, je tournai la tête, c'était une des favorites de l'Oga, qui, charmée de ma gentillesse, prenant aussi sans doute pitié de mon âge, avait obtenu que j'eusse la vie sauve, elle m'emmena au palais, j'étais son esclave.

Ma protectrice me donna le nom de *Nouma-Hawa*, qui signifie *rosée du soir*, et que j'ai conservé, ne m'en connaissant pas d'autres, ignorant mes parents et ma nationalité.

A partir de ce moment, *je fus plus heureuse*, j'allais et venais dans le pays, j'étais presque libre, mes compagnes, pour plaire à la favorite du roi me témoignaient beaucoup d'affection et partageaient avec moi les fruits exquis, les bibelots, la poudre d'or qu'on leur donnait. C'est ainsi que je grandis au milieu d'un troupeau d'esclaves.

Troupeau est le mot propre, les femmes du pays étant vendues pour un peu de verroterie comme des animaux. Le commerce des femmes est fait là-bas par les sorciers et par les Gangas (prêtres), qui tantôt achètent ou vendent des femmes et tantôt s'occupent de religion.

Eh! mon Dieu n'en est-il pas un peu ainsi partout? J'ai beaucoup voyagé et j'ai toujours remarqué que les gens qui se vantent de représenter Dieu sur la terre, prêtres, popes, Gangas, pasteurs ou rabbins, se ressemblent tous et par le relachement de leur morale, et par les procédés qu'ils emploient pour vivre dans l'oisiveté, accaparer l'argent des ouailles et dominer quand même, exploitant la bêtise, la crédulité, la superstition, effrayant les masses par la crainte des éternels châtiments de la vie future.

Je n'eus pas à me plaindre au pays des Ounemis de l'avidité des Gangas, l'un d'eux, pensant retirer de moi quelques bons bénéfices un jour ou l'autre, venait très-souvent me visiter, il m'apportait des bibelots de verroterie, des friandises et m'accablait de ses caresses.

Enfin il persuada à l'Oga que j'étais le bon génie de sa tribu et qu'il serait invincible tant que je resterais à sa cour. Le Ganga avait une grande réputation de sainteté, les nègres, race crédule, avaient en lui une confiance illimitée, il avait su gagner leurs esprits par des pratiques merveilleuses et particulièrement en domptant les animaux les plus dangereux et les plus féroces.

Non content de ramener dans le village des lions qu'il apprivoisait, le grand prêtre s'enroulait autour du corps des serpents venimeux, tels que le Cobra-Capello, reptile à large tête plate dont le venin est toujours mortel, puis il offrait impunément son bras à la morsure de ces animaux. Un tel miracle pouvait étonner des esprits grossiers ; je me doutais qu'il devait y avoir quelque supercherie en tout ceci, et un jour je suivis mon Ganga dans la forêt.

Là, je le vis tirer d'un panier un énorme cobra et lui présenter un lambeau d'étoffe sur lequel l'animal se précipita avec fureur et qu'il mordit à plusieurs reprises. Cette opération avait évidemment pour but de

Le serpent s'avance lentement jusqu'à l'endroit d'où partent les modulations (page 21).

vider les canines du venin qui s'y trouve renfermé et de rendre les morsures inoffensives pour quelques heures.

Le Ganga remet le serpent dans sa prison d'osier et se rend auprès du roi devant toute la tribu rassemblée.

Il commence ses mômeries, ses prières, ses danses, puis prenant dans sa chevelure crépue une petite flûte, il en tire des sons discordants; le serpent se met à sortir du panier entr'ouvert, il s'avance lentement jusqu'à l'endroit d'où partent les modulations, s'enroule en spirale sur lui-même, se dresse, le Ganga le frappe de sa flûte, l'animal entre en furie et se précipite sur le bras que lui tend le charmeur.

Cette petite cérémonie qui se renouvelait de temps à autre plongeait les nègres dans l'admiration; pour ma part, je contenais à peine mon envie de rire; le caractère sacré et invulnérable du Ganga ne pouvait plus m'en imposer, j'avais découvert le secret.

Cette découverte me fut d'une grande utilité par la suite.

Un jour, me trouvant seule dans une forêt, je vis apparaître tout-à-coup un énorme cobra qui s'avança vers moi menaçant, j'arrachai aussitôt le pagne dont j'étais revêtue et le lui tendis ainsi que je l'avais vu faire au Ganga. Je laissai le terrible animal assouvir sa fureur sur ce léger vêtement ; je recommençai souvent cette expérience, je finis même par échanger un peu de verroterie contre une flûte et m'amusai à courir les forêts pour charmer les serpents, je trouvais dans le danger même un plaisir infini, je jouai bientôt avec les reptiles comme d'autres jouent avec des petits chiens ou des petits chats.

Je tirai de mon expérience l'occasion de rendre un service signalé à un notable du pays, condamné pour je ne sais quel crime ou par fantaisie royale peut-être, au supplice des serpents, un des plus horribles supplices qui se puisse imaginer.

Voici en quoi il consiste : on fait un trou profond dans la terre dans un endroit de la forêt fréquenté par les reptiles, dans ce trou on enfouit le condamné de façon que la tête seule dépasse et on l'abandonne ainsi emprisonné, aux morsures des serpents, si par hasard il en réchappe, on le regarde comme un sorcier et l'on conserve pour lui un incroyable respect, une profonde admiration.

Le notable dont je parlais plus haut fût donc enfoui dans la terre et abandonné ; émue de pitié pour ce malheureux qui allait subir une si épouvantable torture, je m'esquivai du village et allai retrouver la victime, les serpents étaient dans le voisinage, mais ils n'étaient pas encore arrivés; je me cachai derrière un arbre et j'attendis. Le nègre était plus mort que vif, il roulait des yeux effarés et tâchait de tourner sa tête, anxieux pour voir s'il ne venait pas d'ennemis derrière. Un léger frémissement eut lieu au milieu des lianes, le bruit augmenta peu à peu : un serpent, puis un autre, puis d'autres encore s'avancèrent tout doucement vers le patient.

Celui-ci les aperçut, sa terreur redoubla, ses cheveux semblèrent se hérisser et ses yeux pâles, égarés se retirer de leurs orbites. Je commençai à tirer de la flûte les sons dont j'avais tant de fois éprouvé l'effet. L'étonnement se peignit sur la figure de la victime, une lueur d'espoir jaillit dans son regard, bien vite éteinte hélas ! car la troupe des bourreaux rampants, après avoir hésité, recommença sa marche vers la pâture offerte à son avidité.

Je redoublai d'efforts, la troupe marchait toujours ; le chef, un cobra, plus gros que les autres et qui semblait diriger la marche, n'était déjà plus qu'à quelques pouces de la figure du condamné qui fermait les yeux et attendait la mort avec résignation ;

Dans ce trou on enfouit le condamné de façon
que la tête seule dépasse (page 23).

je m'élançai faisant un dernier effort, je tirai de ma flûte des modulations très-aiguës, je marchais au milieu même de la troupe; les serpents s'arrêtèrent. Je m'éloignai lentement en les charmant par les sons de ma flûte, je les attirai loin du théâtre du supplice puis je revins délivrer le prisonnier, ce que je n'avais pu faire tout d'abord, les serpents étant trop près de nous.

Il est inutile d'ajouter que cet homme, ainsi sauvé, devenu influent dans le pays, me resta tout dévoué, et que je trouvai ainsi chez les nègres des sentiments de gratitude fort rares chez les blancs, gens essentiellement civilisés.

Le Ganga s'aperçut bientôt que j'avais découvert le moyen qu'il employait pour charmer les serpents, et, comme ces gens-là ne se laissent jamais prendre sans vert, il résolut de m'adjoindre à lui comme complice de ses jongleries. Il me demanda si je voulais être initié aux secrets qu'il connaissait pour dompter le roi des animaux, m'affirmant que je ne courrais aucun danger, je n'avais pas besoin de cette assurance pour me donner du courage, la vie que je menais parmi mes sauvages compagnons m'était devenue à charge et je voulais en sortir d'une façon ou d'une autre. Je ne sais quel instinct me poussait, mais j'étais convaincu que la connaissance de ces secrets pourrait m'être un jour fort utile. Je n'hésitais donc pas un instant à accepter les propositions du Ganga.

C'est ici le moment de donner sur le lion certains renseignements très curieux que j'ai appris à cette époque de ma vie.

Le lion ressemble, par ses mœurs, à tous les cogénères et la plupart des savants ont beaucoup exagéré sa noblesse de caractère et sa générosité.

Il appartient à la même race que le tigre et le chat, c'est-à-dire à la race féline à la tête duquel il se place comme étant le plus fort et le plus courageux. Il porte la tête haute et se distingue parmi tous les félins par la majesté de son regard et la noblesse de sa démarche qui est légère *bien que lente et oblique*. Son rugissement qui fait trembler tous les animaux est un cri prolongé d'un ton grave mélé d'un frémissement plus aigu,

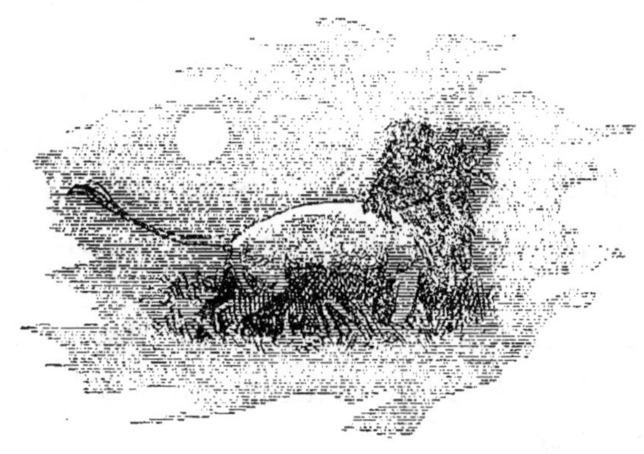

A moins que le lion ne soit poussé par la faim, il n'attaque jamais sa proie à force ouverte; mais par ruse et par surprise. Il ne grimpe jamais sur les arbres pour y poursuivre les animaux, mais il se met en embuscade aux bords des ruisseaux ou dans les

buissons et attend au passage, pour s'élancer comme la foudre, la victime que lui offre le hasard.

Sa force prodigieuse égale son agileté. Il porte à une grande distance des bœufs ou des chevaux entiers sans être gêné dans ses bonds ou les obstacles qu'il franchit avec ses lourdes charges.

Une observation très importante sur le caractère du lion, c'est qu'il n'attaque jamais l'homme à moins qu'il n'y soit poussé par la faim ou qu'il ne remarque chez celui-ci des signes d'une grande terreur.

Il existe, sur la manière de dompter les lions, bien des versions aussi fausses les unes que les autres,

Suivant les unes on parvient à maîtriser ces terribles animaux par la privation de nourriture ou par l'emploie de fer rougis au feu.

Suivant les autres, on emploie des moyens contre nature.

Or, toute personne ayant quelques notions d'histoire naturelle et connaissant tant soit peu l'anatomie du lion, sait que la conformation de cet animal s'oppose de la façon la plus absolue à l'emploi de tels moyens.

Ceux-ci d'ailleurs étant adoptés, on serait forcé d'admettre que les lions soient déjà tout dressés pour se prêter à de pareils procédés, car autrement comment expliquer qu'on ne soit pas déchiré par eux. Comment toucher à des animaux qui, pris au piège, comme quelques-uns de ceux que j'ai dans ma ménagerie, ont conservé tous leurs instincts de férocité et qui longtemps encore après leur capture ne se laissent approcher d'aucun être humain sans faire des bonds formidables dans leur cage, en donnant des coups de dents et de griffes dont le moindre enlèverait un membre à toute personne ayant le malheur d'être atteinte par eux.

Rien de tout cela n'est vrai. De même que le serpent fascine les oiseaux et les attire fatalement dans sa gueule béante, de même le lion se laisse fasciner par l'œil humain alors surtout que le terrible carnassier reconnaît dans cet œil un être qu'aucun danger ne saurait effrayer et une puissance d'énergie supérieure à la sienne.

C'est ainsi que s'explique l'histoire du lion d'Androclès et celle de ce lion de Venise qui se laissa arracher de la gueule un enfant qu'il avait enlevé à sa mère. La mère, à ce moment, avait un tel courage et ses yeux lançaient de tels éclairs que la bête fauve se sentit dominée et abandonna sa proie.

Après cette digression nécessaire, je reprends le récit de mes aventures :

Un matin, j'allais faire ma promenade habituelle dans la forêt, on m'avait dit que je pourrais récolter du miel dont les indigènes sont très friands. Les ruches n'existent pas à Ounemis, les essaims d'abeilles s'abattent sur les grands arbres et déposent leur délicieux produit dans leur creux ; il suffit

Et je fabriquai tant bien que mal un appareil contentif autour de la patte de l'animal (page 36).

d'allumer quelques branches mortes en dessous de l'arbre pour chasser les industrieuses ouvrières et alors on recueille facilement le miel.

Tout occupée que j'étais à rechercher les abeilles, je m'enfonçais dans le bois plus loin que de coutume.

Tout-à-coup, j'entendis des cris rauques et plaintifs. Je m'avançai doucement et je vis une lionne qui se traînait avec peine, suivie de deux lionceaux. La bête avait une patte cassée, les petits jouaient autour de leur mère et lorsqu'ils m'aperçurent ils vinrent comme de jeunes chats se frotter contre moi. J'en pris un dans mes bras, la mère me regardait de son grand œil inquiet. Voyant que je caressais ses petits, elle s'avança vers moi lentement, je ne la quittais plus du regard, sachant que toute blessée qu'elle était elle aurait pu encore me faire un mauvais parti si j'avais manifesté la moindre crainte.

Elle s'approcha jusqu'à mes pieds, je déposai son petit à côté d'elle et tout en gardant mon œil fixé sur le sien, je me baissai et examinai sa blessure : la lionne, dominée, se laissa faire, alors j'allai casser deux branches d'arbre, quelques feuilles de palmier, je ramassai des lianes et je fabriquai tant bien que mal un apppareil contentif autour de la patte brisée de l'animal. Après quoi je repris ma route vers le village, escorté par les trois quadrupèdes qui semblaient ne plus vouloir me quitter.

Je n'ai pas besoin de dire dans quel étonnement mon entrée plongea les nègres qui se mirent à pousser des cris autant par frayeur que par admiration ; je rentrai dans ma case avec mes gardes du corps improvisés. La lionne guérit et au bout de quelques jours elle s'enfuit dans les bois, me laissant ses petits en gage de reconnaissance peut-être. Ceux-ci me témoignèrent beaucoup d'amitié et je les conservai malgré la terreur qu'ils inspiraient à mes compagnons. Ils ont grandi près de moi.

J'avais environ dix-huit à vingt ans lorsque je vis arriver à la Cour de l'Oga trois hommes blancs, escortés par des *Obi* (princes), c'était la première fois que je voyais des êtres dont la peau était de la même couleur que la mienne. J'épiais avec une grande inquiétude ce qui allait se passer et bientôt j'appris que les blancs étaient un capitaine et deux officiers d'un navire américain arrivé depuis quelques semaines sur les bords du grand fleuve presque inconnu des navigateurs. Ils venaient dans l'espoir d'échanger des armes et des marchandises contre les produits du pays.

Ces trois hommes, de leur côté, parurent extrêmement surpris de rencontrer une blanche au milieu des noirs.

M. Williamson, tel était le nom du capitaine, me fit demander par son interprêtre à quel hasard je devais d'être dans ce pays sauvage, lorsqu'il sut mon histoire, il me fit dire qu'il s'intéressait vivement à mon sort et qu'il ferait tous ses efforts pour m'arracher à ces pays qui ne m'avaient point vu naître, et m'emmener sur son vaisseau.

M. Williamson.

Alors la réception de l'Oga commença dans tout le cérémonial, toute la majesté que ces sauvages savent apporter dans leurs relations avec les blancs.

Les officiers et les matelots étaient rangés en bataille au centre de la place du village en face du palais du chef: celui-ci parut d'abord vêtu d'un costume grossier, cadeau bizarre de quelque négrier facétieux, il portait un énorme casque de pompier, surmonté d'un immense plumet rouge, un habit d'académicien français aux broderies bleues, auquel il s'était crû obligé d'ajouter des ornements de cuivre et de verroterie, un grand sabre de cavalerie qui datait du premier empire pour le moins, des jarretières espagnoles à glands rouges et à grelots, une ceinture rouge et c'est tout, le reste du corps était nu ; derrière Ekéles prêtres et les grands dignitaires nus comme Adam à sa naissance, reconnaissables seulement par des coiffures de plumes et des ornements en dents d'animaux, enfin la foule du peuple sans plumes du tout, sans même la feuille de vigne obligatoire et traditionnelle.

Lorsque le monarque parût, tous ses sujets se prosternèrent, les officiers inclinèrent la tête et s'approchèrent du souverain, celui-ci tendit les deux mains aux américains qui comprirent, car les sauvages ressemblent en cela aux princes de nos États civilisés et tendent toujours les mains pour reçevoir. M. Williamson fit signe à un de ses matelots, celui-ci tira d'une malle et présenta au souverain un vieux costume de suisse d'Église brodé d'or; Eké à cette vue mit une main sur sa tête et de l'autre se frotta le nez, ce qui est la plus grande manifestation possible de la joie au pays des Ounemis, après quoi il alla choisir parmi ses femmes les deux plus belles et les donna à l'officier qui n'eût garde de refuser, sachant fort bien que son refus eût entraîné la mort immédiate des deux pauvres créatures; à partir de ce moment le capitaine devenait l'*icoa* du chef, c'est-à-dire son *alter ego* et, dès lors, ils devaient partager ensemble leurs biens, leurs épouses et leurs maîtresses au besoin.

Le second officier offrit une grande pipe en porcelaine ornée de peinture, le roi se mit aussitôt à fumer en donnant les signes de la plus vive satisfaction, mais la surprise fut à son comble quand le même officier lui présenta une tabatière à musique et que la première prise que voulut absorber sa Majesté, une brillante polka se fit entendre, il témoigna d'abord un peu d'inquiétude, mais en voyant sourire les blancs il se rassura et des cris d'admiration sortirent de toutes les poitrines de ses sujets.

Deux autres jeunes filles furent données à l'officier.

Quand vint le tour du capitaine, tous fixèrent les yeux sur lui. M. Williamson tirant un étui de sa poche le présenta à l'Oga qui fit une légère grimace à la vue d'un si minime objet. Mais quand il eut ouvert l'étui et que le capitaine lui eut expliqué que l'arme qu'il lui offrait pouvait tuer douze ennemis sans être rechargé, le roi se mit à pousser de grands cris de joie, et foulant aux pieds la dignité royale, il se mit à danser comme un fou.

Ce premier accès calmé, il s'adressa au capitaine :

— Si tu dis vrai, ce que je veux savoir de suite, ma reconnaissance n'aura pas de bornes et je te ferai cadeau, en échange d'une certaine quantité de ces armes, d'autant de poudre d'or, d'esclaves et de dents d'éléphants que tu pourras en emporter.

Aussitôt il donna l'ordre de lui amener douze prisonniers de guerre.

A cet ordre inattendu un des officiers se récria :

— Est-ce que cette brute va essayer l'effet de son révolver sur ces pauvres diables, demanda-t-il?

— Sans doute, Bob, répondit le capitaine, mais n'ayez point le cœur trop porté à la commisération, il n'y a point à faire ici de philanthropie : qu'Eké soit prisonnier à son tour, il sera exposé tous les jours au même sort, c'est la loi du lynch, œil pour œil, dent pour

Trois fois le terrible Oga recommença l'expérience
(page 45).

dent. Dans les guerres, en ce pays, il y a vingt morts et trente blessés, quelques prisonniers sont immolés ensuite ; qu'est cela à côté des boucheries, des massacres de centaines de mille hommes auxquels nos bons rois blancs exposent leurs sujets pour une guigne? Gardez votre pitié pour les blancs, Bob, et laissez faire !

Pour moi, si j'ai le droit d'exprimer ma pensée à ce sujet, j'ai toujours trouvé que le capitaine Wiliamson parlait bien.

Cependant on avait amené les douze prisonniers ; l'Oga s'avança lentement vers eux, quelque accoutumée que je fusse aux sacrifices humains, je fermai les yeux toute tremblante ; lorsque je les rouvris après la douzième détonation, les douze prisonniers gisaient inanimés.

Trois fois le terrible Oga recommença l'expérience ; j'étais émue, épouvantée, pâle, et cependant ce massacre allait être la cause de ma délivrance.

L'Oga d'Ounemis, émerveillé des effets foudroyants de son révolver voulut entamer de suite les négociations d'échange.

Il fit apporter de grands vases remplis de poudre d'or et de nombreuses défenses d'éléphants.

Quand aux esclaves, le capitaine pouvait choisir.

M. Williamson voulant à tout prix me tirer des mains de cette tribu sauvage, répondit qu'il ne pouvait charger son navire d'esclaves nombreux qui seraient pour lui un grand embarras, mais qu'il donnerait trois révolvers en échange de la jeune fille blanche.

L'Oga ne voulut pas me céder, outre son amitié pour moi, il attribuait à ma présence chez lui, les victoires fréquentes qu'il remportait sur ses ennemis: c'était à ses yeux une espèce de gris-gris ou fétiche vivant; le grand prêtre, comme je l'ai déjà dit, entretenait cette croyance.

Enfin le capitaine ayant offert douze revolvers pour ma rançon (page 49).

Bref, le capitaine menaça de rompre les négociations si je ne lui étais pas cédée. Je laisse au lecteur à imaginer mon inquiétude, mon anxiété, j'avais été élevée chez les nègres et pourtant la vue des américains avait remué dans mon cœur des sentiments jusqu'alors inconnus. Je n'étais pas de race africaine, en suivant les blancs, il me semblait que j'allais me rapprocher de mon pays, qu'un indice quelconque me ferait retrouver ma mère, mon père, que je pleurais sans les avoir connus. J'ai visité l'Europe et l'Amérique et j'ignore encore le secret de ma naissance, mais qui sait ?

Enfin le capitaine ayant offert douze révolvers pour ma rançon, l'Oga accepta et le lendemain je quittai pour toujours ma nouvelle patrie, mes compagnes, l'Oga, les Gangas et ma case de palmiers. Je dis un dernier adieu aux forêts, au ciel bleu et pur du pays des Ounemis et je partis avec l'Équipage du brick *Miss-Arabella*. Dire que je n'eus pas un peu le cœur serré en partant serait mentir, j'avais passé ma jeunesse au milieu de ces noirs, j'avais eu à me louer souvent de leur dévouement, mais l'inconnu et l'espoir de retrouver les miens m'eurent bien vite consolée.

Trois jours après j'étais à bord du vaisseau américain et je portais avec bonheur les habits de mousse que le capitaine m'avait fait donner, ne pouvant se procurer dans ces pays sauvages des vêtements de mon sexe.

On m'avait, non sans peine, permis d'emmener avec moi mes chers lionceaux, qui

Mais que le capitaine voulut tenir enfermés par prudence dans une cabine (page 53).

devinrent bientôt les favoris de tout l'équipage, mais que le capitaine voulut cependant tenir enfermés par prudence, dans une cabine où seule je pouvais pénétrer, la porte de cette cabine avait été remplacée par des barreaux de fer à travers lesquels on pouvait voir mes favoris.

Je ne raconterai pas les incidents de la traversée, qu'il suffise de savoir que nous arrivâmes au bout de quelques mois à Chatannoga, dans le Tennessee, où le capitaine Williamson avait une propriété magnifique. Sa femme et ses deux filles me reçurent avec la plus grande cordialité. Pendant deux ans je vécus heureuse au milieu de cette aimable famille, qui faisait tous ses efforts pour me faire oublier mes malheurs passés.

Je partageai les études des filles du capitaine, et comme mon intelligence était très vive je fis de rapides progrès et j'eus bien vite appris les langues vivantes.

Hélas! ce bonheur fut de courte durée, le

terrible fléau de ces contrées, la fièvre jaune, emporta à quelques jours de distance toute la famille de mon bienfaiteur.

Le capitaine Williamson n'avait eu le temps de faire aucune disposition en ma faveur et son neveu étant venu prendre possession de l'héritage me fit des propositions que je repoussai avec indignation.

Le lendemain j'étais chassée de cette maison qui avait été si hospitalière pour moi et je me rendis à New-York, emportant seulement quelques bijoux que je devais à la libéralité de la famille Williamson et mes deux lions qui allaient devenir mon gagne-pain.

Ce qui me coûta le plus d'embarras dans cette triste circonstance, ce fut le transport de la cage qui renfermait mes compagnons d'infortune, cage superbe mais encombrante, que le capitaine avait fait construire lorsque mes animaux étaient devenus grands.

Mes ressources furent vite épuisées; j'avais

A Chatannoga, dans le Tennessee, où le capitaine Williamson avait une propriété magnifique (page 53).

déjà vendu mes bijoux, j'allais être forcée de me séparer de mes deux compagnons, pour un vil prix peut-être, lorsqu'une circonstance bizarre m'entraîna à suivre la profession que j'exerce aujourd'hui.

Il y avait à cette époque, à New-York, un *barnum* français, M. Pernet, homme d'une grande expérience en la matière ; le *barnum* possédait une ménagerie où l'on voyait un jeune dompteur américain entrer chaque soir dans une cage contenant trois lions presque féroces, et les mener bravement à la cravache : un jour, j'eus la curiosité d'entrer chez M. Pernet : le dompteur était au milieu de ses lions, les agaçant et les faisant reculer à coups de pied jusqu'au fond de la cage, par malheur, un des lions ne recula pas assez vite, passa derrière le jeune homme et l'étendit raide d'un coup de patte effroyable sur la nuque ; les spectateurs se sauvèrent en poussant des cris d'horreur : M. Pernet, les employés de la ménagerie se précipitèrent vers la cage armés de fers rouges, et pendant ce temps les lions se disputaient en les déchirant, les restes inanimés de leur maître ; ni les coups, ni les cris ne purent les faire lâcher prise. Alors il me vint une inspiration insensée, je courus à M. Pernet :

— Je suis dompteur, m'écriai-je, ouvrez-moi la porte, je réponds de moi...

— C'est de la folie...

— Peu importe..., pressons-nous...

M. Pernet égaré m'ouvrit la porte : j'entrais ferme, résolue, un fouet à la main, et, tout en suivant les barreaux de la cage pour ne pas m'exposer à une surprise par derrière, je m'avançai vers les lions, je les attaquai à coups de fouets, je les dominai de mon regard : ceux-ci surpris, hésitant, plièrent bientôt et allèrent se coucher, en grognant, au fond de leur prison, alors je fus prise d'une sorte d'accès de colère devant la lâcheté de ces animaux, et courant à eux, mes yeux

Nous fîmes le tour des Etats-Unis, recueillant partout des marques de sympathie (page 61).

dans leurs yeux, je leur infligeai une correction dont ils se sont toujours souvenus.

Je laisse à penser les *hourrahs* de la foule : on voulut me porter en triomphe ; séance tenante, M. Pernet m'offrit de m'associer à lui, c'était un moyen dangereux sans doute, mais honorable de gagner mon pain, j'acceptai : j'ajoutai mes deux lions aux siens, et nous fîmes le tour des États-Unis, recueillant partout sur notre passage des marques de sympathie et d'admiration.

Enfin, poursuivie par cette idée que j'avais de retrouver ma famille, je m'arrangeai avec M. Pernet, mon associé, pour visiter l'Europe : le même accueil nous attendait dans le vieux monde.

Je ne parlerai pas de mes nombreux succès, ni des incidents qui se présentent fréquemment avec des animaux aussi capricieux que le sont les fauves ; je veux seulement, avant de terminer, raconter deux faits qui ont été mentionnés par les journaux.

Je commence par le plus ancien, qui s'est passé en Espagne :

C'était en 1875, vers la fin de l'insurrection Carliste. Nous venions de quitter Burgos pour nous rendre à Bilbao, lorsque notre train, après une violente secousse, se trouve tout à coup arrêté. Les rails avaient été enlevés par les pillards de la bande de Don Carlos.

Aussitôt cet arrêt M. Pernet et moi, nous nous précipitâmes vers le wagon où se trouvaient les animaux pour voir si aucun accident n'était survenu. Au moment où nous ouvrons la porte d'entrée, les carlistes, ne sachant pas ce que contient la voiture, et supposant que ce sont des valeurs que nous voulons leur cacher, nous écartent violemment et ouvrent toute grande la porte sans prendre les précautions nécessaires pour éviter que les animaux s'échappent.

A l'aspect de ces inconnus Diane et Brutus ne font qu'un bond sur eux. A coups de griffes et de gueule cinq hommes sont tués ou grièvement blessés en moins de temps qu'il ne faut pour le raconter. Le reste de la bande s'enfuit épouvantée, en abandonnant armes et butin. Je conserve parmi mes souvenirs un superbe poignard trouvé sur un des pillards et un petit coffret avec des bijoux qui me furent offerts par les voyageurs lorsque j'eus, non sans peine, réintégré les animaux dans leur cage, pour me remercier de les avoir délivré des voleurs et leur avoir peut-être sauvé la vie, car les carlistes ne reculaient quelquefois pas devant l'assassinat pour commettre leurs vols.

Je ne peux mieux faire, pour l'autre incident, que de copier l'article du journal le *Tribunal Illustré* de Paris du 4 avril 1880 :

Un Drame dans une Ménagerie.

Un accident qui aurait pu avoir les suites les plus terribles est arrivé récemment dans une ménagerie installée à Troyes.

Mlle Nouma, dompteuse de la ménagerie, ayant voulu essayer de réunir dans la même cage des lions et des lionnes, nés et élevés dans la ménagerie, avec d'autres qui avaient été pris au piège en Afrique, et qui se trouvaient dans une cage voisine, ces animaux, dès que la porte-grille se trouva ouverte, se ruèrent aussitôt les uns sur les autres avec une fureur incroyable.

La jeune dompteuse fut grièvement blessée au milieu de cette terrible mêlée. Un des lions lui lacéra l'épaule avec ses griffes et un autre était sur le point de lui déchirer les reins, quand le directeur de la ménagerie, M. Pernet, à l'aide d'une barre de fer, asséna un tel coup sur le fauve, que celui-ci roula sur le parquet de la cage comme étourdi.

Par suite de son sang-froid qui ne l'avait pas abandonné une seule minute, la jeune dompteuse parvint à tenir en respect les autres animaux et à sortir de la cage sans autre accident grave.

Ainsi, grâce à l'habile direction de M. Pernet, notre établissement est en pleine prospérité, et suis désormais sûre de mon influence sur les animaux, j'ai acheté des lions et des serpents qui passaient pour indomptables, et chaque jour, les spectateurs peuvent voir jusqu'à quel point, moi, je les ai domptés.

Paris. — Imp. Emile Lévy, 13, rue de la Jussienne.

IMPRIMERIE ET DESSINS CHARLES LEVY
13, Rue de la Jussienne — Paris.

www.ingramcontent.com/pod-product-compliance
Lightning Source LLC
LaVergne TN
LVHW050430160826
845677LV00002BA/634

* 9 7 8 2 3 2 9 6 8 2 7 9 2 *